AF452197

ANDRÉ SUARÈS

C'EST LA GUERRE

PARIS

ÉMILE-PAUL FRÈRES, ÉDITEURS

100, RUE DU FAUBOURG-SAINT-HONORE, 100

PLACE BEAUVAU

—

1915

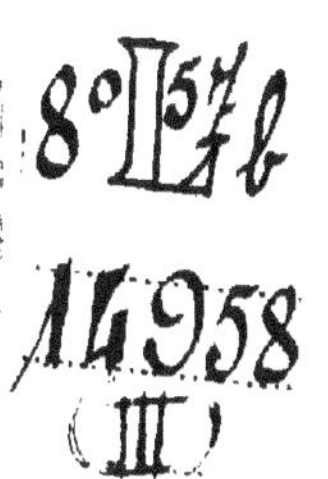
8° L⁵⁷b

14958

(III)

COMMENTAIRES

SUR LA

GUERRE DES BOCHES

III

BIBLIOTHÈQUE NATIONALE IMPRIMÉS

Justification du tirage

Nᵒ

ANDRÉ SUARÈS

C'EST LA GUERRE

PARIS

ÉMILE-PAUL FRÈRES, ÉDITEURS

100, RUE DU FAUBOURG-SAINT-HONORÉ, 100

PLACE BEAUVAU

1915

FORCE ET DROIT

Toute lâcheté se cache dans l'incertitude et les molles ténèbres. La première vertu est de voir la vérité, et de la regarder en face. La racine de la compassion est de ne point mentir aux hommes ; la bonté n'a pas de démarche plus sûre que d'aller droit au fait, surtout s'il est terrible et s'il paraît exécrable.

Même s'il est vrai, même si on le pense, il ne faut pas trop dire que la France fait la guerre pour le droit et pour la liberté. Elle fait la guerre pour son droit et pour être libre. Elle meurt dans sa fleur d'hommes pour vivre. Par là, si elle sauve tous les hommes, tant mieux pour eux, et gloire à elle. Mais c'est un secret du destin : il sera bien assez tôt que la paix le révèle.

Les hommes et les autres peuples ne nous intéressent aujourd'hui, que dans la mesure où ils nous aident. Ils ne s'élèvent presque jamais à la conscience du droit ; et ils se passent bien d'être libres. Sans quoi, il n'y aurait point de neutres. Et il y a des neutres jusque dans ceux qui se battent, et qui ont pris parti. Nous avons soif d'idées gonflées de sang : celles-là seules nous désaltèrent. Les autres énervent le besoin et le pouvoir d'être soi.

Le droit est le second âge de la force. Pour que l'homme soit, encore faut-il que l'enfant vive. Il n'y aura point de femme belle et sage, ni de mère féconde, à moins d'une vierge qui a vécu et d'une petite fille qui a grandi.

La force est cette vierge terrible. Et peut-être ne se passe-t-elle pas, en effet, de violence ni d'attentat, impuissante à croître, si elle n'est égoïste.

Partout où bat un grand cœur d'homme, il faut que le mensonge cesse : le vrai est le lieu de la scène, l'air même où se meut notre tragédie. Si la cité veut qu'on lui mente, Coriolan a le front de lui dire : « Il est un monde ailleurs »; et il le fonde. « Or, je reste. C'est par mépris de vous que je tournerais le dos à la vérité.

C'est par pitié pour vous que je tourne le
dos à vos rêves. » La France a trop rêvé.

Où la force parle, le droit n'a plus qu'à
se taire.

La force n'a pas besoin du droit, et
elle s'en vante. Mais le droit a besoin de
la force ; et sa misère est de feindre qu'il
puisse s'en passer : car il ne s'en passe
pas.

La force du droit consiste à ne pas
laisser parler la force. Si elle prend la
parole, il n'a donc plus qu'à garder le
silence.

Rien n'avilit plus le droit qu'une fausse
idée du droit. Par lui-même il n'est rien,
Toute sa grandeur est dans le bel usage

de la force : à la force brutale, il impose
une force digne de l'esprit. Mais s'il n'en
a pas les moyens, il perd toute vertu ; et
toute dignité, s'il se laisse faire la loi.

La force ne craint pas d'être odieuse.
La force s'accommode de la haine ; et elle
n'est presque jamais ridicule, tant les
hommes lui sont soumis. Elle les fait toujours moins rire que pleurer.

Le droit fait rire, quand il crie à l'aide.
Qui aidera le droit s'il ne s'aide ? Qui lui
donnera la force, s'il ne l'a ?

Quel mépris n'a-t-on pas d'un discours,
qui prétend tenir tête aux faits ? Et quand
le fait est la guerre, le fait des faits, un
fait de feu et de sang qui met la mort
au milieu des hommes, et qui change la
face de la terre, cette bouche sans dents

qui mâche du vent et l'envoie à la gueule
des canons, me semble le masque même
du grand mensonge.

Le droit sans force met en péril tous
nos dieux. Il est la parodie de la raison et
de la justice même.

Parce que le droit est en nous, et qu'il
nous est plus cher, nous lui devons tous
les moyens de la force. Est-ce de cette
nuit que nous savons que les tigres sont
les tigres, et qu'ils décousent l'homme
tombé sur leur chemin? Les Barbares
en veulent à notre vie: ils la pren-
dront, si on ne leur arrache la force de
le faire. On ne se défend pas avec des
mots, mais avec des armes. Les violents
se font gloire d'être haïs. Leur orgueil

est égal à l'exécration universelle : il leur suffit de vaincre le genre humain, pour faire fi de sa haine.

Le vainqueur se moque de tous les jugements : ceux qui le condamnent, il les exécute. Et les neutres font l'assistance. Les plus neutres applaudissent au crime ; les plus justes y assistent en silence. Si le silence des neutres est la leçon des conquérants, la conquête est la leçon des neutres, et une leçon qui ne se tait pas : elle éclate de rire ; elle s'entoure de chants et de musique. Je ne crois pas au silence des neutres ni à leur tristesse : ils aiment tant la musique, qu'ils entrent dans le chœur et chantent à la tierce du conquérant.

Les victorieux dédaignent d'être aimés.

Pourquoi tiendraient-ils à l'amour des
neutres? A parler franc, il n'y a pas de
quoi les tenter. Quant à l'amour des neutres pour le vaincu, il va peut-être jusqu'à planter un petit laurier dans un pot,
sur une tombe.

Dans la guerre, le succès justifie tout.
La guerre est le règne de la force sur la
matière. Si la paix connaît une règle plus
pure, c'est la question. Au milieu de la
nature, et parmi les espèces animales,
qui songe au droit de celles qui ne sont
plus? Mais d'abord qui sont-elles? On
n'en sait même pas le nom. Et parce
qu'elles n'ont pas eu la force, il n'est
même pas sûr qu'elles aient jamais pu
être.

Pour les Allemands, quoi qu'ils fassent,

ils se trouvent sans crimes : tout ce qui
les sert, leur paraît un acte de vertu. Ils
peuvent tout se permettre contre un ennemi qu'ils détruisent. Leur conscience
les absout : ils n'en ont que pour eux. La
race est ainsi faite. S'ils en ont un, il
n'est de droit pour les crocodiles, qu'entre
les crocodiles. Il est bon de respirer cet
air dur et amer : il cuit aux poumons ;
mais il est salubre : il fouette le sang.

§

Ne mentons point. Nous voulons la
puissance, à la mesure où nous sommes.

Chacun veut dominer sur les autres.
Tout peuple, tout État aspire à la grandeur ; et il ne la connaît que dans

l'obéissance ou la ruine de ses ennemis.

La volonté d'être le maître est l'instinct même de la vie. Et justement : parce que, dans la matière, rien ne vit que ce qui a la force de vaincre.

A la source, les principes et les idées sont tristement pareils dans tous les peuples et dans tous les hommes. Les meilleurs enfants, vus de près, sont des hyènes et des tigres : on ne s'en doute point, parce qu'ils n'ont pas de dents. A peine percent-elles, ils mordent le sein de leur nourrice. Tous les êtres vivants, quelque fiction qu'ils y mettent, sont semblables par la nécessité de manger, et l'atroce cruauté qu'ils y portent.

Il est vrai que nous voulons sortir de la nature. On n'est pas homme à moins : un effort contre la fatalité de la nature, c'est la conscience de l'homme. Il y a des ascètes. Il y a des saints. Ils font rire les rois et les chimistes. Ils font pitié aux médecins. Des hommes mourront, plutôt que de tuer ; et non par faiblesse. Ils mettront à se vaincre toute la force que les autres consacrent à s'entre-déchirer. Mais on leur en veut de la gageure : la cité se débarrasse de ces fâcheux, s'ils quittent leur cellule pour la place publique.

Peu à peu cependant, révélation est faite de l'amour à la triste fourmilière. L'amour n'est faiblesse que dans les faibles. Il est la plus haute force dans les forts. Ainsi, les principes qui animent les hommes restant à peu près les mêmes, ce néanmoins les hommes diffèrent beaucoup. Ils sont ce qu'ils sentent, bien plus que ce qu'ils pensent. Ce qu'ils ont dans le cœur fait d'eux presque tout ce qu'ils sont.

Ils font comme ils croient; mais ils croient comme ils sont. Si les Allemands n'étaient pas les fourmis de l'État, ils ne seraient pas capables de tous les crimes sur un seul geste de leurs maîtres, et pour obéir aux lois de la fourmilière. L'instinct de la domination reste cruel dans la race sans conscience. Le même instinct va devenir une puissance d'amour dans un peuple, qui a pris conscience de notre misère et de tout ce que l'homme endure. Or, de tout ce qu'il endure, naît tout ce qu'il espère.

Sans doute, il s'agit toujours de la force. Mais de quelle force ? C'est toute l'affaire.

La mollesse idéaliste, qui dédaigne les armes et qui refuse de se défendre, n'a que faire ici. La rhétorique de la paix est la plus vile des rhétoriques. Loin de là, le point est de savoir si le droit n'est pas de toutes les réalités la plus puissante.

S'il ne l'est, il doit l'être. La politique du droit est plus réaliste qu'une autre, quand elle sort des écoles sans clôture et sans toit, où elle baigne dans le vent. Il n'arrive pas souvent qu'elle en sorte. Rien n'est plus réel que la pensée. Quoique

nu, sans griffes ni crocs ni défenses natu-
relles, l'homme est le roi de la terre
parce que son intelligence est infiniment
plus puissante que toutes les armes des
fauves et des serpents.

La politique du droit est réaliste. La
politique de la violence est matérialiste.
Et telle est d'abord la différence entre
l'une et l'autre force.

Qui des deux aura le dessus ? La
réponse est capitale pour le monde. Voilà
ce qui fait de cette guerre une croisade ;
et plus un des deux partis entend que la
guerre soit horrible, plus sainte est la
croisade.

Le droit est l'enjeu de la guerre. Il y
va de plus que la vie : car pour l'homme

ce n'est pas tout de vivre : la forme de la vie importe beaucoup plus. Le droit est la conquête de l'esprit sur la bête, le dépôt du cœur humain et de la raison au long des âges. Sous la forme abstraite de la loi, le droit est le signe de toute la pensée et de toute la bonté humaines, par delà des douleurs et des crimes sans nombre. La loi n'est pas assez juste, si elle n'est sereine. La brute a dû comprendre, peu à peu, qu'elle n'est pas la plus forte ; mais la brute a des retours, et ne veut pas céder. Le canon, aujourd'hui, est la colère du droit qui gronde. Cinq cent mille hommes donnent leur sang, cinq millions offrent leur vie, pour que la charte du droit, ce chiffon, soit plus forte que le fer et le feu parmi les hommes.

La force élémentaire du tigre, la fureur des crocs, la rage des griffes est-elle vraiment la seule force, seule légitime, toujours reine et toujours nécessaire? Ou bien, l'intelligence et la raison sont-elles des forces suprêmes, qui non seulement doivent suppléer à la violence, mais la doivent réduire? Il faut bien comprendre que le droit est le lieu où coïncident les vœux du cœur humain et les vues de la raison.

§

Un droit qui nous est si cher, nous devons faire en sorte qu'il ne soit plus contesté.

Le droit de la France se confond dans

sa beauté et sa grandeur. La cathédrale
de Reims en est l'image vivante. De là,
tant de douleur : Notre-Dame brûle, elle
est mutilée ; sa parure est en cendres.

Reims est un signe de feu, un étendard
de peine et de dignités, enfin une ori-
flamme. Reims montre dans le sauvage
ennemi de la France la noire haine, contre
Notre-Dame, de la matière sans âme et
de la puissance sans beauté.

Ils ont la plus grande armée du monde ;
ils sont le plus grand ventre et le plus
grand État, le plus énorme appétit de la
terre. Mais faute de conscience, ils n'ont
pas de grandeur : toute qualité, tout
esprit de finesse leur est refusé.

La grandeur leur est si inconnue, qu'ils
l'appellent grosseur dans leur langue. Ils

3

n'ont jamais atteint que la puissance.
C'est que la grandeur est la puissance en
qualité.

On ne peut le refuser aux Allemands :
il leur arrive de concevoir l'action avec
une sorte de grandeur, et leur audace en
est la preuve.

Rêver l'empire du monde; vouloir tenir
toute l'Europe sous le talon; en poursuivre
la conquête et l'écrasement, un tel dessein
n'est pas sans grandeur. Mais ils sont
laids et bas, même quand ils veulent
grandement. En eux, les hommes mon-
trent à nu ce que l'État a fini par faire
de tous aujourd'hui, et quelle vile espèce
de fourmis à mandibules rampantes. Les
hommes n'ont plus le droit de prétendre

à l'empire du monde; ils n'osent plus sentir en maîtres. Ils ne règnent même pas sur leurs gros appétits.

Être un maître, c'est avoir conscience de soi plus qu'un autre. Conscience oblige. Que sont des maîtres capables de toutes les violences, moins une : celle de se faire violence? Capables de toute logique, et qui ne reculent devant rien, si ce n'est devant leur propre vérité? Ils poussent l'esprit de géométrie jusqu'à la plus absurde ignorance de la nature humaine dans les autres hommes et en eux-mêmes. Ils n'ont même pas le clair courage du fer et de la brutalité : il leur faut des garanties et des prétextes; ils font sauter en l'air les palais et les foires du droit; mais ils se font marchands et regrattiers de textes dans des échopes, pour se justifier d'avoir la force et d'en user. Ils n'ont pas seulement la pudeur d'honorer leur idole.

Que le droit ait donc la force, s'il veut être le dieu des hommes. Et qu'il soit la force.

L'Occident n'aura rien fait, s'il n'écrase l'Empire. Le droit sera victime du droit, si les Allemands ne sont pas foulés aux pieds, et si on n'en tire pas des vengeances terribles. Il est nécessaire de ravager les Allemagnes et de les consterner.

Que la force décide. Qu'enfin l'on voie si les dieux sont plus forts que les géants, ou les hommes mieux faits pour le règne que les tigres.

Entre eux et la Terre Promise de la

domination, les Allemands ont compté sans la France. Ils ont tenté les voies de la grandeur, et ils ont méconnu la nation grande. Le fond de leur crime est ici. Qui outrage *Doulce France et terre major* offense la vraie force de l'homme, et doit être puni.

II

CLARTÉS

I

Il en est de la guerre comme de la mort. Invisible, infinie, la mort est l'horizon des horizons.

Chaque jour m'en approche. Mais parce que je marche, il me semble que l'horizon recule; et je rêve qu'il s'éloigne, à mesure qu'il me happe.

Je sais qu'elle est, la mort. Je ne doute pas qu'elle puisse être. Pourtant, je n'y crois pas : et je n'y veux pas croire.

C'est encore avec la vie qu'on pense la

mort. On met encore toutes les idées de
la paix, dans la pensée qu'on se forme
de la guerre.

Il faut mourir pour réaliser véritable-
ment l'idée de la mort. Il faut entrer dans
la mort pour entrer dans la guerre. Ici,
plus que partout, on voit quel abîme
sépare le savoir de la connaissance.

II

Tout est force, et combat de forces. La
Sainte Guerre de la France et de l'Occident contre la race allemande n'est pas
le combat imaginaire d'un idéal sans os ni
muscles contre une puissance toute en os
et en muscles. Ou alors, l'issue ne serait
pas douteuse, et la défaite serait juste :

pas plus qu'elle n'est une arme, la faiblesse n'est un droit. Il faut, au contraire,
que le droit montre à la violence qu'il est
la force des forces; et que, dans la
guerre même, si le droit est contraint de
recourir à la violence, il est plus puissant
qu'elle : parce que l'intelligence est l'arme
la plus forte; parce que la bonté a plus
de valeur pour la vie que la cruauté bes-
tiale; parce que la justice est plus réelle
dans la société humaine que l'iniquité.

III

La guerre est partout dans la nature.
Elle est en nous; elle est la loi de nos
cellules. Le tissu conjonctif est toujours
prêt à dévorer la fibre noble.

Mais l'homme n'est l'homme que pour se tirer de la nature. La conscience ne fût-elle rien sans les cellules, la loi fatale des cellules est moins que rien pour la conscience. Avec la conscience, l'homme s'est créé une nouvelle fatalité. Et il s'y est soumis, en tant qu'il est lui-même.

S'il n'est la conscience, qu'est-ce que l'homme? Et qu'est-ce donc que la nature, sinon la nuit de l'âme, et l'enfer ou le paradis d'un monde sans conscience?

IV

L'amour aussi est une guerre.

Tout est bon à l'espèce pour vaincre. Meurent les dieux, meurent les héros et les saints, pourvu que l'espèce vive.

Or, notre amour est une révolte contre l'espèce, et son ivresse justement. Quelle qu'en soit l'origine, la passion ne vit que de choix : elle se meut contre l'espèce ; elle n'en tient pas compte ; elle ne pense qu'à soi. Et quand elle court au sacrifice, en s'immolant, elle veut encore vaincre l'espèce. Tel est notre amour, et sa gageure magnifique, que ce soit pour les gouffres de la volupté, ou pour la folie du ciel, pour Cléopâtre ou pour Béatrice.

V

La guerre est un retour à la nature.

La guerre prétend rendre l'homme à un monde sans conscience.

Dans vos débats sur la guerre, sachez du moins les dieux que vous servez. La France le sait. Doulce France peut donner tout son sang à la guerre, mais non pas l'aimer. Elle a passé l'âge de croire à cette sauvage idole : elle l'a jugée : elle la méprise, et la hait.

VI

Cependant, il faut la force.

Et moins la force, le droit perd son droit. C'est une pitié que le temple du droit soit si souvent l'antre d'Éole. Dans l'outre pleine de tous vents, je vois une image cruelle de la vanité. Reims, Arras, Louvain et Ypres, nobles villes où le doux

génie de l'Occident avait bâti de si belles
maisons à Dieu, à l'esprit et aux hommes : elles avaient aussi leurs palais du
droit : ils ne sont plus, à présent, que
miettes et cendres. A quoi bon ce glaive
de plâtre entre les mains d'une femme
assise, au fronton? Il fallait des canons
et une épée de feu en de fortes mains
d'hommes.

Le droit crie. Mais si demain Ypres,
Arras et Reims restaient entre les pattes
des Barbares, là, sur les mêmes lieux,
ils feraient adorer leur justice. Et leur
droit monstrueux qui tue aurait raison
pour dix siècles du saint droit qu'il
assassine

VII

Je veux donner un souvenir à la petite
Furnes, si heureuse dans la paix et si
charmante. Honnète comme un chardon
bleu et bonne comme un pain doré. Je
lui envoie de la main un baiser, en passant.

Je l'ai vue coiffée de lin gris par la
pluie. C'était une petite reine de village,
mais village de grand renom. Quand
joli Puck a été couronné roi d'Yvetot,
c'est la jolie Furnes en dentelles de Bru-
ges qu'il a prise pour sa petite reine.

Ils ont dîné à *la Noble Rose* (j'y étais),
servis par Marjolaine, Jonquille et Fleur
de Carillon, en costumes de béguines. Puis,

ils ont couché dans une maison à pignons
et à ogives, en point de Malines. Ils ont
dormi, depuis. Dieu bénisse la petite
reine jusqu'à son réveil. Car elle est
morte, la pauvrette, si elle ne dort pas
aujourd'hui.

VIII

Délire de la vanité : folie commune à
tous les Allemands. Ce n'est pas l'orgueil
qui les égare : c'est l'appétit. Je ne croirai
jamais à un orgueil qui abdique devant
la force.

La folie de l'amour-propre est innée
aux Barbares et aux savants. La barbarie
allemande est sans pareille, parce qu'elle
est une science, et le triomphe de la

science. Pas un Allemand, où il n'y ait
du cuistre : non, pas même Gœthe.

Le cuistre est un savant qui se professe
lui-même en toute certitude, et qui se
sert soi-même tout cuit dans le plat de
sa science. A l'incroyable satisfaction
qu'il y goûte, l'homme d'Athènes com-
mence par rire ; puis, il tourne le dos,
avec dégoût.

IX

Il y a bien de l'arrogance et de la sottise à vouloir faire le bien des autres selon
soi, plutòt que selon eux. Cette préten-
tion, poussée jusqu'à la plus infâme violence, c'est la morgue des Allemands,
qu'ils adorent sous le nom de culture

allemande. Le génie attique y voit le
suprême mauvais goût.

Au fond de cette culture, on trouve la
vanité d'avoir toujours raison. Et pour
se donner raison contre la tête qui résiste,
le coup de poing entre les deux yeux.
La logique de la vanité ne connaît rien de
mieux que la violence, en fait de conclu-
sion.

Mais le coup de poing donne tort à qui
le lance, même s'il a raison.

X

Les Teutons, en marais sans fin, dis-
sertent. Leur fleuve plat s'étale. Ils
épanchent leurs eaux bourbeuses sur la
plaine. Elles couvrent tout le bas pays,

33

5

et finissent par se perdre dans les sables :
drames sans action, récits démesurés,
contes sans art, analyse sans traits, jamais
de style. A la longue, ils font masse et ils
débordent. Leur style, c'est l'inondation.

Les Celtes inventent. Ils ont le génie de
narrer. La forêt de leur imagination
retient les nuées du rêve. Ils trouvent les
orages de la tragédie. Tant de vapeurs se
condensent en caractères ; et de toutes
parts les éclairs de la comédie illuminent
le ciel, et percent les feuillages. Leur
torrent sait se creuser un lit dans un sol
de granit, où les pentes successives pro-
duisent enfin l'ordre et le rythme : ces
belles eaux vont par bonds à la mer :
elles finissent en des golfes profonds et
des rades tragiques.

Shakspeare est un Celte ; et sans doute,
il y a du Celte aussi dans le brun et vif
Ibsen.

XI

Ils ont bien lieu de croire que pas un
homme ne peut être initié au mystère de
la « Koultour », s'il n'a pas le bonheur
d'être Allemand. Il n'y a qu'un Allemand
pour comprendre la beauté de l'homme
allemand et la grâce de la femme allemande.

La « Koultour » est la religion de la
science au service de la race : la science
du mal en un mot.

C'est le dogme secret de la race, qu'elle
ne trouve son bien que dans le mal d'au-

35

trui. La race, comme l'espèce, aspire à
être seule sur la terre. Le monde où l'on
vit est un monde où l'on mange : la race
veut en faire sa chasse privée. Elle ne se
sent à l'aise que si l'on meurt autour
d'elle. La race jouit de la mort qu'elle
donne, à proportion de la vie qu'elle
prend.

XII

Dans l'auberge de la « Koultour »,
entre initiés règne une joie grossière.
Mais là-dessous, quelle mauvaise ivresse !
quelles fumées chagrines d'humeur noire,
de rage et de haine ! sous la graisse de ce
ventre, quelles digestions empestées !
Comme la gueule, quand ils se réveillent,

après une nuit de bière, les fils de la
« Koultour » ont la pensée de bois. Leur
âme est envieuse et lourde. Leur rêverie
est sombre. Leur espérance a la nausée.

Leurs maîtres ont connu toute l'horreur de la nature humaine, quand elle
n'est pas rachetée de l'espèce : et ils n'ont
jamais voulu du rachat. Même s'ils s'élèvent à la rédemption, ils en écartent la
race. Le sacrifice d'autrui est le seul que
comprennent les Allemands, et seul il est
populaire. Ils en ont fait une doctrine
hideuse de la guerre, une atroce religion.
Les pasteurs de ce peuple n'ont jamais
cessé de flatter en lui l'appétit de la race,
et l'instinct de l'espèce : ils en pratiquent
toute la méchanceté. Ils l'ont prise en
eux-mêmes ; et pour la rendre plus

cruelle, ils l'ont mise en morale. L'homme moins la charité, c'est l'Allemand dans la guerre.

XIII

La race est la bête égoïste entre toutes.

De ce gros lourdeau, buveur de bière fraîche, père lapin d'une grasse famille, docteur en physique ou en grec, savantissime en sa matière, (et la matière est toujours louable), chef de chœur qui mène le choral de ses huit petits lapins chantant à quatre voix, sous l'œil de la mère lapine, après un heureux dîner de porc, de veau, de purée de pois, de soupe fumante aux pruneaux et de lard à la confiture ; de cet obscène patriarche voilà ce qui fait soudain un chacal plein de rage, un ours gris avec ses oursons, déchirant, piétinant, éventrant une mère française et ses petites filles, brûlant la maison, pour finir, après avoir vomi ses immondes baisers d'ivrogne sur le sang vierge de ses victimes.

XIV

L'envie est dans le cœur de tous les Allemands. La France est leur épine au flanc gauche : elle est le seul miroir qui ne les flatte pas. Comme il ne faut jamais faire l'aveu de son envie, la haine en est le masque.

Pour le Scythe, Athènes est toujours

corrompue. Le barbare demande à sa morale des armes contre la beauté.

Ils se font une vertu sans pareille de leur laideur ; et de toutes les grâces qu'ils n'ont pas, ils font des vices. La beauté même est un outrage à la laideur. Il ne reste plus à la laideur qu'à faire de la morale. Jamais elle n'y manque. La nudité des dieux offense la chaste maritorne, née chez les Scythes. Luther se voile la face, entrant à Saint-Pierre de Rome. L'immonde Blücher et cette brute de Bismarck veulent détruire Paris, pour purger la terre de la nouvelle Babylone.

Il y a mieux que Bismarck et Blücher : pour le gorille, le singe en décadence, c'est l'homme.

Le singe est de pure race, lui ; il est

pieux ; il est aimé de Chamberlain ; il ne
ressemble pas à Pâris ; il reste tel, sous
ses poils, que l'ont fait les mains de son
vieux Dieu. Mais l'homme est nu, fi ! il
s'habille ; il parle français. L'homme est
corrompu.

Aux yeux des matrones en Gorillie, les
amours de l'homme sont l'excès de l'impudeur et du ridicule. Une jeune fille et
son amant, qui se tiennent les mains,
doivent faire rougir les gorilles. Surtout
à Berlin.

XV

Tout ce qui est le charme de la vie et
la beauté de l'âme, tout ce qui fait
l'homme et l'esprit de finesse, tout ce

41

que la France entend par la civilisation, qui est sa vertu la plus exquise, les Allemands l'appellent décadence.

Et ils appellent culture, tout ce qui fait pour nous leur barbarie.

III

GUERRE D'ESPÈCE

Par la volonté des Barbares, cette guerre
est sans pitié.

Ils font la guerre comme la nature,
quand une espèce veut dévorer une espèce.
La nature est sans pitié. Elle ne connaît
la charité que dans l'homme : elle ne
l'estime pas : elle n'en a pas conscience.
Qui est sans charité est sans conscience.
On ne peut donc rien dire contre la charité, sans parler contre soi. A mépriser
la charité humaine, on montre seulement

qu'on n'est pas encore de son ordre, qui est proprement l'ordre humain.

Les Allemands se vantent d'être Allemands, avant d'être hommes. Ils se disent nés pour la conquête et pour la guerre, non pour la charité. Ils parlent de leurs besoins et de leurs appétits, comme s'ils y fondaient leur droit divin et un titre absolu à régner sur toute la terre.

Parce qu'ils font fi de l'amour et de la conscience, ils se croient plus intelligents que les autres. Ils n'ont même pas l'idée de la véritable intelligence, et des limites où elle conduit. L'amour et la conscience exigent, à tout instant, des solutions infiniment plus subtiles que celles de la hache, et que la hache ne connaît pas.

Ils s'admirent. Ils n'ont d'yeux que

pour eux. Ils sont ivres de leur propre génie, qui est celui de la fourmilière. Leur raison est toute la raison. Ils crèvent de raison. L'abus de la logique les tue. Une logique à vide, et dont rien n'arrête la roue tournante, est un moulin de folie.

Leur armée est une institution divine. Elle est le bras de leur appétit. Comme elle a toute la force, selon eux, elle a tous les droits. L'armée est l'outil de la conquête. Leur conquête est divine. Leur faim est divine. Dieu les a choisis pour soumettre toute la terre, et pour s'en nourrir. Et ils exterminent tout ce qui ne s'est pas soumis.

Ils parlent d'eux-mêmes, comme d'affreuses fourmis géantes, hautes de six pieds, pourraient le faire. Et les fourmis

aussi ont la tête en dôme. Leurs princes
et leurs docteurs ont un accent d'ogres :
ils donnent à rire et ils font peur. Enfin,
ils se prennent pour une espèce dans
l'espèce. Et ils font une guerre d'espèce.

L'espèce est un tigre pour l'espèce enne-
mie. L'espèce est un tombeau ; l'espèce
est un abîme.

Ils sont donc une espèce : ils ont tous
des traits communs, qu'ils tiennent d'une
commune origine, et qui, selon eux, les
séparent des autres hommes. Ils les haïs-
sent de n'être pas comme eux, et s'en
font un droit à les détruire. Ils ne savent
pas quelle loi redoutable ils viennent de
créer ainsi à l'Occident. Ils sont comme
les tigres qui mangent l'homme, dans une

forèt de l'Inde. Un État de tigres pourrait
croire que sa force et sa faim lui donnen t
un droit supérieur sur les hommes. Mais
les hommes, à la fin, ont raison des tigres.

Les tigres ne sont pas capables de faire
l'homme ; mais, s'il le faut, les hommes
savent faire le tigre.

La guerre d'espèce devait sortir des
peuples en armes, dès qu'il y en aurait
un pour s'estimer une race, et qui voulût
agir en race.

Race contre race, ou race contre peuples,
la nature est sans frein. Si la guerre dure
deux ans, elle va se mouvoir dans l'atro-
cité continue.

Jusqu'ici, la guerre a plus ou moins
été de chevaliers ou de mercenaires.

L'homme de guerre faisait profession. La vocation était au fond du soldat. Les gens de profession se ménagent toujours entre eux. Les chevaliers ne vivent que de retranchements et de privations : tous leurs vœux sont contre eux-mêmes. L'honneur est un suprême ménagement. L'honneur, qui exige tout, trouve en retour des garanties souveraines. Une profonde estime a longtemps réuni les adversaires, après la bataille. L'espèce n'a que faire d'honneur, d'estime et même de garanties. Elle est l'appétit, la violence et la haine. Elle est la terreur et veut l'être. Telle est la guerre selon les théologiens de l'Allemagne. Et le Collège des crânes en dôme n'a pas d'autre doctrine, que ce soit Clausewitz, Moltke ou Bernhardi.

Ils ont donné à la guerre la figure de
la conquête, qu'ils avaient entreprise dès
la paix. L'épouvante seule est nouvelle,
et les espèces sanglantes de la destruction. Ils ont trouvé la forme parfaite de
l'invasion.

La tranchée est du même type que les
lignes du commerce allemand. Ils se sont
logés dans la terre, comme ils l'étaient
dans les bureaux et les offices. La même
vermine colle au sol et aux métiers. Ils ne
sont point parasites : ils sont dévorants.
Ils se fixent sur le corps qu'ils veulent
manger. Ils le sucent, d'abord, pour en
vivre ; et ils le tuent ensuite pour le rem-
placer.

Ce peuple d'artisans, qui cachait un
peuple d'espions, est le même qui couvre

le nord de la France, la Pologne et la
Belgique. Les voilà entre la chair et le
derme, dans les caves des villes, dans les
fermes, dans le sous-sol de la vallée. Ils
s'y retranchent. Ils y pullulent. Ils y ont
même des femmes. Cette vermine fait
souche de colons dans la terre de France.
On ne rend pas assez justice à cet ennemi,
en le détestant. Ils sont l'espèce la plus
dangereuse que l'homme ait jamais dû
combattre. Ils ont un ordre effrayant. Ils
ont une force sans pareille pour ronger,
pour multiplier, pour noyer une terre
sous le grouillement. Le temps seul ne
peut suffire à les vaincre : le temps tra-
vaille pour eux comme pour nous. Tandis
que les Alliés se fortifient pour l'attaque,
la vermine géante s'incruste dans nos

muscles avec plus de ténacité. Il importe beaucoup que les savants de France inventent une méthode d'extermination.

§

Si le chien est enragé, dit Spinosa, il faut tuer le chien. Quel homme n'a pas honte de tuer son chien ?

Et s'il y a moyen de guérir la rage, je veux qu'on soigne le chien. Mais il faut d'abord l'empêcher de mordre. Tant qu'il mord, c'est un rêve peureux de vouloir le guérir.

Est-ce que la bête allemande n'a pas la rage ? La rage est une folie de la brute. Si tu peux, va tuer le chien dans son sommeil et dans sa niche.

Je vois vos doux yeux que la tristesse
voile. Un nuage noircit leur innocence et
leur eau bleue.

La guerre vous semblait la plus terrible
des tragédies ; mais vous n'imaginiez pas
qu'elle pût être la plus ignoble. Fille de
chevaliers, vos clairs et tendres regards
se détournent : vous ne voulez pas que
votre amant ni vos frères, que les hommes
de France, tous chevaliers, eux aussi,
puissent tuer des enfants dans un pré ou
des femmes dans leur lit. Ce n'est pas la
peine d'être Français s'il faut se conduire
en Allemand. A ces brutes sans conscience, on doit laisser les crimes et les
abus de la force qui révoltent notre conscience. Quoi ? va-t-il falloir les égaler
en horreur, parce qu'ils sont horribles ?

Et si on ne les surpasse, à quoi bon ?

Que le vent salé du large chasse cette ombre de vos yeux, douce femme. Où notre ennemi est criminel, nous sommes justes. Qu'il s'en aille, et il aura merci. Mais tant qu'il est ici, il appartient au bourreau.

Nos crimes contre lui n'en sont pas. Nos vengeances les plus cruelles tiendront moins de la cruauté et de la vengeance que du châtiment. Certes, il y a de quoi désespérer qu'on soit réduit à faire le bourreau, pour châtier le crime. Mais, enfin, le bourreau est le chirurgien des scélérats. Le maître en chirurgie plonge le fer et la main dans l'ulcère : il a plein les doigts de pus, de sang et de sanie : le fer est pur, la main plus pure encore : elle est bonne.

Toutes les cruautés contre l'ennemi sont
moindres que ses offenses et sa méchanceté contre la Mère. Il la souille, il la
mutile, il l'insulte, il la bat. Il est impie :
il est toujours en France. Quand il en
sera chassé, si les Français un jour sont
chez lui, ils verront à se défendre toutes
les violences qu'il s'est permises.

Selon mon goût, toutes les représailles
partent d'une volonté basse. Mais il n'est
pas question de représailles. Le cœur de
la France n'est pour rien dans les exploits
sanglants que le salut de la France exige.
Vous ne savez pas, chère âme, que le
Barbare ne cède qu'au poing, et ne com-
prend que les coups.

La violence que nous devons nous faire
pour répondre en allemand à l'Allemand

est notre excuse. Dans tous leurs crimes,
ils sont eux-mêmes. Ils n'ont aucune
peine à être des brutes. Ils en auraient
une infinie à être de vrais héros. Nous,
il nous faut vaincre toute notre nature,
pour faire la bête. Nous avons honte de
barbariser; et nous y forçons notre pudeur, sans venir à bout de notre répu-
gnance.

§

La France n'est pas sentimentale : elle
est amoureuse et bonne, aimante et pas-
sionnée. Il y a toujours un peu de bas-
sesse ou de sottise dans la sentimentalité :
c'est selon les gens.

Les êtres nobles sont pleins de senti-

ments : ils ne font pas du sentiment :
ils n'en ont pas besoin. Ce métier les fait
rire. Baudelaire disait, à peu près :
« Voici un homme qui parle de son
cœur : ce doit être une canaille. » On n'a
que faire de montrer le cœur qu'on a,
là, sous le bras, avec son pouce : du
doigt, on ne montre que la place.

Les Barbares ont la manie du sentiment. Ils font des ruines, dans l'inten-
tion qu'ils rendent publique, d'y cueillir
la fleur bleue. Ils incendient la cathédrale de Reims; mais non seulement ils
sont sûrs de la rebâtir, infiniment plus
belle, en gare ou en hôtel meublé; ils
se proposent de semer quelques myosotis
sur le chantier. Les crocodiles ont le
même génie, la larme à l'œil entre deux

proies qu'ils avalent, et ces pleurs si
connus.

Scandale des bombes sur Carlsruhe.
Toute l'Allemagne pleurniche : Quoi?
on ose troubler l'ordre de cette ville
absurde en forme de roue?

Les Allemands font du sentiment,
comme ils font de la lymphe et des glo-
bules blancs; bleus, c'est du pus. Le sentiment est un de leurs harnois préférés
dans la guerre. Il les tient solides en selle
du mensonge. Ils se mentent à eux-mêmes,
pour mieux mentir aux autres; et le sentiment est la pièce maîtresse de leur
aveuglement. Faute de quoi, ils ne pourraient parler de leur bonté, de leur vertu, de leur droit : ils n'y pourraient pas
croire.

8

Pas un Allemand n'est sincère dans le sens pur de l'esprit : sincère comme un cristal, qui laisse passer la lumière; sincère comme une eau limpide. Incurable duplicité des Allemands : cette diplopie de l'âme touche au sublime dans Hegel. J'appelle sincérité, non pas l'accord avec soi-même : mais le souci d'être vrai et de s'accorder sans feinte à la vérité d'autrui. L'égoïste fieffé ne peut pas être sincère. Cynique n'est pas sincère, sinon chez les chiens.

Faire du sentiment permet tous les mensonges. Les poètes et les nourrissons des Muses, à Bayreuth, ont la bouche pleine de viandes et ils écoutent *Parsifal*, en suçant leurs lèvres luisantes de graisse : ils font de la poésie. Ils la nourrissent.

Au neuvième mois de la guerre et de sa grossesse déchirante, la France ne fera pas du sentiment avec les Barbares, mais des obus.

§

Le dogme de Bismarck est celui de toutes les Allemagnes : « Quand la puissance de la Prusse est en jeu, je ne connais pas de loi. » Quelle loi appliquer à une race sans loi? Elle n'a plus voix au chapitre. Nous en sommes seuls juges. Un droit souverain se forme sous nos yeux contre la race qui nie le droit.

Que les savants en France, en Italie, en Angleterre, y pensent gravement, qu'ils se mettent à l'œuvre. Pour qui connaît le

dogme de la race, il n'y a aucun doute :
les armées de la race useront de tous les
moyens, quels qu'ils puissent être, si
odieux ou si cruels qu'on les suppose. Ils
l'eussent fait pour être vainqueurs : que
ne feront-ils pas, s'ils se sentent vaincus?
Réduits à se défendre, ils s'armeront de
l'horreur.

Tout moyen de semer la mort et de
répandre la ruine leur sera bon ; et ils le
diront légitime. Les vapeurs toxiques, les
poisons gazeux ne sont qu'un essai de leur
cruauté. S'ils trouvent une façon affreuse
et générale de massacrer ou de détruire,
ils se feront un saint devoir de la mettre
en usage. Ils savent bien qu'ils pourront
s'en faire gloire : vainqueurs et seuls
maîtres du monde, ils sont sûrs que la

nouvelle morale leur donnera raison : elle datera d'eux. Ils ont pesé en conscience la vilenie de la bête humaine. Elle leur parle de près : ils l'écoutent en eux.

Je prévois que s'ils avaient l'usage de la mort universelle, s'ils pouvaient nous donner la peste, sans courir le risque de la prendre, ils l'auraient déjà lancée de Londres à Moscou.

Il convient donc de persuader aux chimistes et aux physiciens de l'Occident qu'il s'agit ici de sauver nos peuples et les nations. Ostwald, Fischer et les autres savants au service du démon ne trouveront peut-être pas l'engin qu'ils cherchent. Ils ne feront peut-être pas encore passer dans les faits le rêve de la mort qu'ils caressent : mais s'ils y manquent, c'est uniquement qu'ils n'en auront pas le moyen. La volonté y est; et l'immonde désir les hante.

Même la paix faite. Le rêve de détruire l'Occident par un cataclysme, ou de le vider par une peste, demeurera au fond de ces âmes haineuses. Et il faudra y veiller. La race est ainsi faite. C'est une question, s'il ne siérait pas, le pouvant, de l'exterminer. On ne peut; et je suis ainsi dispensé d'y répondre. Cependant, j'ai une telle horreur de toute destruction, qu'ayant le moyen d'anéantir les Allemands jusqu'au dernier, je n'en userais pas. Mais j'en garderais la menace toujours prête, et le fatal secret, pour parer le coup que je prévois.

Point de paix avec la race : le bas orgueil s'enrage et n'a de repos que dans la haine. Il y a, dans l'esprit allemand, un noyau de méchanceté, un ulcère de néant. Pour détourner d'eux-mêmes le poison qu'ils sentent dans leur âme, les Allemands méditent d'empoisonner et d'anéantir les autres peuples. Et la racine de leur haine est là, dans ce cancer secret.

§

De pauvres femmes sont tuées dans la rue ou dans leur ménage. Des enfants ont la tête coupée par un obus ; et la cour de l'école, où ils jouent, est un champ de bataille. D'autres sont cloués pour toujours au sommeil sans péché, dans le lit de la chambre innocente. Passe le glaive d'un éclair, et des vieillards sont rompus en deux ; de braves gens ont le bras tranché à la faulx, sur le pas de leur porte. Tous ces meurtres, commis sur des innocents au petit jour, nous gâtent le soleil et la lumière. Notre âme a plus de tristesse que de colère, et moins d'indignation que de mépris.

On mesure, mieux que jamais, de quoi la brute est capable dans l'homme.

Cette guerre affronte les foules et les nations. Les armées sont des espèces qui ont mission de se dévorer les unes les autres. Et quand une génération est morte, l'autre suit.

Dans une telle guerre, il n'y a plus d'innocents. Tous sont coupables de vivre, plus que de tout autre crime. Le péché commun, c'est la vie. Tel est le terme d'une invasion allemande.

Or, le seul rachat de ce péché sans mesure, c'est l'amour. La vie sans amour, telle que la nature la multiplie, est le crime sans fin ni mesure.

Ici donc, tous les innocents sont d'un côté; tous les coupables, de l'autre. Le meilleur des Allemands participe au crime de sa race. L'Allemagne fait une guerre d'espèce. La France ne s'est jamais prise pour une espèce : elle se défend et ne pense qu'à se défendre.

§

Les Allemands ont mis dix mois à nous rendre des crocs et des griffes : la France les a laissés reprendre force et longueur à ses belles mains, à ses douces lèvres. Ils ont poussé. Elle les a maintenant. Et comme il faut qu'elle les perde, il faut donc qu'elle les fourre dans la chair du Barbare, qu'elle les cache dans sa face et dans son ventre. Car elle en a horreur.

Elle a la nausée d'une telle besogne. Voilà des siècles qu'elle n'entend plus la faire. Quelle âme noble n'a pas le mépris de la bestialité? Se plaire à la cruauté est le fond du péché, et peut-être le seul crime de l'homme. Mais avec les tigres, l'homme n'a pas le choix : déchirer ou être déchiré. Guerre au couteau, guerre à la main, les doigts à la gorge du mons- tre, la grenade dans ses yeux et le poison sur les plaies.

Il nous faut vaincre le frémissement
d'un cœur qui aime, la délicatesse d'un
esprit qui juge, et cette immense tristesse,
miroir de la guerre allemande et de notre
révolte.

La France a le droit de murmurer dans
un soupir : « Je ne me laisserai pas faire
la loi par l'objet de mon mépris. »

§

Les Allemands ne sont pas chrétiens.
Ils ne l'ont jamais été. Ils ont plus de
bonheur que de mérite, quand le pape
répond pour eux.

Ils sont tels que la nature non rachetée. Ni amour, ni conscience. Il ne suffit
pas de s'aimer entre soi. De là, que les

autres hommes leur sont un livre fermé.
Ils peuvent dérober le livre : ils ne sauraient le lire. Et s'ils le lisent, ils ne le
comprennent pas. Le monde de l'Occident
est un chiffre, dont le sentiment chrétien
est la clé.

La nature en possession de la science,
sans la conscience de l'homme, est le règne
même du mal. Qu'on imagine un volcan
sachant ce qu'il fait, calculant ses désastres, maître de son feu, archer de ses
laves, et faisant marcher les tremblements
de terre comme les soldats dans la discipline d'une armée.

Que faire contre eux ? Tout, jusqu'à ce
qu'on les tienne à merci, contre terre.

Oui : le plus inexpiable de leurs

crimes sera de nous avoir rendus à la barbarie. Ne fût-ce que pour une heure, ils nous y rendent. Nous le savons : nous rougirions de n'en pas rougir. Ce beau peuple a trop bonne conscience pour mentir. Le mensonge n'efface rien. Ah ! combien de Français se sentent atteints dans leur propre innocence.

Nous avons dù en venir là, par la sublime pitié qui est au plus beau royaume sous le ciel. Les saints ni les héros, peut-être, ne tiennent pas tant à vivre ; mais de quel cœur ne tient-on pas à la vie pour ce peuple admirable, qui veut s'accomplir et qui n'a que la vie ?

Les Barbares n'auront pas le dernier. Il faut leur faire goûter la force telle qu'ils

l'adorent, telle qu'ils la comprennent
telle qu'ils l'exercent. Quand on leur aura
brûlé des villes, et qu'on y aura soufflé
la terreur, ils commenceront à estimer la
France et à lui connaître des droits. Il
faut les égaler dans le mal qui est leur
gloire, en passant : un jour, peut-être, ils
feront l'essai de valoir dans le bien un
ennemi, qui les hait moins qu'il ne les
méprise, et qui pardonne même à l'objet
de son mépris.

La nécessité de se rendre barbare contre
les Barbares est affreuse : mais elle est
juste. Elle coûte trop au génie de la France
pour n'être pas légitime : elle est une
vertu, comme tout ce qui nous exerce.
Elle est nécessaire comme le cri de Pro-
méthée et sa menace : « Ton tour viendra,

puissance impie. Il est venu. J'ai la promesse de te réduire. »

Parce qu'ils nous y ont contraints, les Allemands devront expier deux fois la barbarie. La paix sera terrible comme la guerre.

« J'aurai la force de me vaincre, dit la Douce France, et d'être cruelle à ce que je méprise. Il l'a voulu : je ne veux plus traiter cet ennemi selon moi, mais selon lui. »

C'EST LA GUERRE

MONSTRVM HORRENDVM INFORME INGENS, CVI LVMEN ADEMPTVM

Un monstre affreux, sans forme, un colosse sans yeux.

C'EST LA GUERRE

I

En ce temps-là, le groin plus haut que les montagnes, grognait et cherchait proie, au centre de l'Europe, un monstre d'une force, d'une laideur, d'une taille et d'une cruauté comme le monde n'en avait encore jamais vu.

C'était la Taupe, la Bête effrayante, celle que l'Écriture a prédite.

Et la taupe des champs, qui tient dans les deux mains, et telle que le taupier l'a décrite, est déjà la plus épouvantable des bêtes.

Le grand Geoffroy Saint-Hilaire l'a disséquée ; le bon Toussenel, si spirituel et si sage, l'a peinte sans la reconnaître. Ils ont mesuré la puissance du monstre, qui vit dans les tranchées, dans l'orgie du sang et l'ivresse de la cruauté.

Mais ils n'ont pas prévu la Taupe de l'Apocalypse, celle qui est plus grosse que toute la France, dont chaque poil est une maison pleine de puces, chargées de la peste. Et chaque puce est un homme.

II

*Bochie la Taupe est la Bête de l'Écriture.
Et sur la figure, je mets le nom.*

*Elle a cent trente mille lieues de long, et
cent mille de haut, debout sur ses pattes.*

*Sa tête est lancée dans l'épaule du Nord,
le groin géant entre la Pologne et la terre
russe ; et dans la Baltique, l'oreille velue.*

*Au delà du Rhin, l'immonde arrière-train
souille la contrée sainte.*

*Elle s'appuie à l'Occident sur sa patte
cruelle : elle fouille ; elle tue ; elle détruit.
Son amour est un carnage. Sa fringale est
une éternelle rage. Son impudeur est son*

orgueil ; et sa vilenie, son droit. Et elle
médite de faire sa litière, couchée tout de
son long, jusque sur l'Atlantique.

III

Bochie sent le choux aigre, le cuir pourri,
le suif chaud et l'affreuse tripe où l'excré-
ment séjourne.

Elle écarte les pattes : et du sac à la race,
sort le fumet impur qui fait vomir tout
l'Occident marin.

Sa main est la plus meurtrière machine à
saper, à saigner, à détruire, que la nature
ait modelée pour armer l'assassin. Or, la
main est l'outil du cerveau, l'image méca-
nique de la pensée.

Elle est aveugle et insatiable. Sa cécité

*fait sa haine de la forme et du style. Elle
ne vit que pour un appétit qui ne peut être
satisfait. Elle a la démence du ventre. La
Bête sans yeux est toute paume, tout ongle,
toute gueule et toute panse.*

*Elle laboure dans le meurtre. Elle fait ses
terriers dans le sang. Elle renifle la mort, et
c'est sa volupté. La graisse des cadavres est
son mets préféré. Et c'est son orgueil d'être
la race de la matière, le bourreau de l'esprit
et la torture de l'âme.*

IV

*Ah ! chien de Nietzsche, tu es bien le
berger de la Taupe, et de l'innombrable
troupeau dans les pacages de la servitude et
de la vermine.*

Tu les mords : mais de la dent qu'ils aiment. Tu en as pris l'émail en France ; et l'ivoire grossier est de la dure mâchoire allemande.

Tu les happes aux fesses, et dans le gras du ventre : mais tu les lèches tout de même ; et si tu les purges, c'est donc que tu leur es intestin.

Ta superbe est vile : elle est méchante Tu veux les diriger : or, c'est bien vers les lieux maudits de la cruauté et de la violence.

Ah, chien de Nietzsche ! tu as prêché la mangeaille à la Bête dévorante, et le style à l'aboi. Cependant, tu crois plus qu'un autre à l'harmonie de la langue hideuse, qui est tant au fond de la gorge qu'elle sort de l'estomac. Ah, chien de Nietzsche ! ou niche à chiens, comme on dit ton nom entre la

Seine et l'Oise, tu as fait une vertu de la rage pour la brute enragée de ton sang ! Ne les sommais-tu pas d'être durs, d'être sans cœur, tels des dieux, selon toi ? Ha, professeur, tigre à besicles ! Tu as fini par te mordre toi-même, par baver sur ton menton de docteur et te manger les orteils.

L'Antechrist est le Jésus de la Bête. Ah, chien ! Jupiter à quatre pattes et peut-être sans queue, Olympien boche dans le ciel de Cerbère ! Tu es mort, nourri à la cuiller par une fille d'hôpital, grognant dans un coin comme une bête galeuse, et l'on t'a sans doute étouffé au milieu de tes excréments. Ainsi soit-il de toute ta race ! C'est la guerre.

V

*Soyons durs ! disent-ils. Assurément, ils
ont besoin de s'inviter à l'être. Ils sont si
sensibles !*

*Soyons durs, pour être tels que des dieux :
et ils volent une bouteille, une chemise de
femme, un couvert d'argent. Soyons des dieux !
Et ils coupent la main d'une jeune fille.
pour lui filouter ses bagues. Et ils lui
arrachent son plus bel anneau, tout de sang.
pour lui avilir la vie à tout jamais.*

*Soyons durs pour être plus que des
hommes. Et ils mettent en croix un soldat
de l'Occident, pour se venger d'avoir été
rossés, à quatre contre un, sur l'Yser plus
sacré que le ruisseau de Marathon, où nos*

Bretons aux forts yeux, eau de mer et sans malice, ont paru tels des Anges : et le fil de leur baïonnette est de lumière flamboyante.

Soyons durs. Et ces dieux boches mutilent les petits garçons. Sous la crosse du fusil, ils ont écrasé la belle virilité, le lotus des jeunes hommes.

Soyons des dieux ! Il n'est rien de si aisé : ils ont coupé les femmes par le milieu, et pendu les veillards à l'angle de la ferme soigneusement crépie, — et la marque de la main est restée dans les joints, — par ces pauvres vieux. Boches, bouchers.

Soyons durs. Et ils n'ont pas seulement avili leur race, leur nom, leur passé et tout leur temps à venir : ils ont déshonoré leurs armes. Et de la guerre, ils ont fait un abattoir.

On sera dur pour vous, Boches, bouchers
d'hommes. On va vous mener durement.

Vous passerez sous le joug de la haine ;
vos mufles pleureront sous les crocs du mépris.

Allons. roides ! Soyez durs pour vous-
mêmes. L'heure en est venue.

Ah, Boches ! Il va falloir demander pardon et vous mettre à genoux.

VI

*Hypocrites. Ils ergotent, ces docteurs : ils
argumentent, les gradués de Tubingue, et de
Gœttingue, et d'Iscarioth sur la Sprée.*

*Ils veulent avoir raison ; que la trahison
soit la fidélité ; que l'espion soit un héros
noble ; que leur infamie soit l'honneur ; que
leur bromidrose soit la suave odeur de la*

Vierge dans les roses; que leurs mensonges
soient la vérité des siècles; que la taupe soit
l'oiseau de Minerve et que le Boche soit un
homme.

Ils n'osent même pas être Boches comme
ils sont, à la face de l'univers. Il vous en
faudra faire l'aveu, Boches, et demander
pardon.

VII

Pharisiens, scribes de la Bête, docteurs!
Puisque tout est licite à la Bochie, pourquoi mentez-vous sans cesse? et pourquoi
tant gratter les textes?
Pourquoi ne mangez-vous pas les prison-
niers, puisque le prix des vivres émeut enfin
vos femelles?

Pourquoi ne tuez-vous pas tous les blessés, dites, puisque le Boche seul mérite de vivre, et puisque vous en égorgez plus d'un ?

Pourquoi votre prêtre, le pasteur de Baal, qui maudit les victimes jusque dans la mort, pourquoi parle-t-il de Jésus-Christ, ce Judas Dryander ? et pourquoi parlent-ils de droit, Harnack, Eucken, Liszt, tous vos Thersites ?

VIII

Pourquoi, lâches pédants ? Pourquoi, sinon que vous avez peur du prochain retour et des représailles ?

Et déjà, vous sentez venir le bourreau, à son ombre sur la terre, qui se couche sur vous. Vous entendez son pas, dans vos veines qui battent.

*La crainte pour soi est le commencement
de la conscience. Ah! chiens de Boches, c'est
elle, c'est la conscience qui naît en vous.*

*C'est elle qui fait l'hypocrisie de vos doc-
teurs. Par elle, à présent, vous savez que
tout n'est pas permis, même aux Boches : et
qu'il vous faudra crier merci, à genoux, sur
le parvis de Reims, la corde au cou.*

Boches, c'est la guerre.

IX

*Le monde entier porte des fleurs sur nos
tombes.*

*O beauté de ces œillets cueillis à Reims
pour les morts d'Arras et de Dixmude!
Beauté de ces roses venues d'Angleterre
pour les tombes de Soissons! O chastes noces*

de ces pourpres innocentes, céleste échange.

Douceur, rosée des larmes! pluie sur les croix de bois! Toutes ces croix, et à la tête un épi de fer avec le nom du martyr! un képi plein de sang et de terre!

L'Occident et l'Orient, l'Italie et les Flandres, Venise et Montréal échangent leurs pleurs et leurs bénédictions.

Des mains vous caressent, pleines de fleurs, et toutes ont de la terre à la racine, pauvres morts, vous qu'on aime et qu'on envie, vous enfin qu'on adore : vous qu'on prie.

C'est la Guerre des Hommes.

Mais, pour les Boches, je me tais. Je ne souffle mot de leurs morts. Je ne suis pas du poil ni des poux de la Bête, pour mordre à leurs morts, et me faire ventre de leurs os.

Ah, Boches, Boches! vainqueurs, vous fûtes

les seuls qui ayez ôté tout honneur à la vic-
toire; et dans la défaite, vous êtes les seuls
qui nous ôtiez toute pitié pour les vaincus.

Même morts, vous déchirez le sol de la
Sainte France. Vous haïssez toujours, même
morts; et vous êtes la Horde.

Même morts, vous faites mal à qui vous
enterre, et vous donnez le tétanos à qui vous
recense.

Même morts, il va falloir qu'on vous joigne
les mains, pour descendre en enfer, qu'on vous
fasse implorer merci, et qu'on vous brûle dès
ici.

X

La grande pitié qui est au saint royaume
n'éteint pourtant pas la compassion, qui est
au grand cœur de la France.

Plus belle que jamais, plus vierge de tout mal, et c'est la seule virginité, plus divine et plus humaine, Notre-Dame lève ses bras calcinés; et elle dit :

Ni haine, ni pardon !

Qu'ils soient chassés d'ici. Que jamais plus ils n'y puissent être, ni cachés dans les caves, ni souillant les celliers, ni blasphémant ma nef.

Qu'on ne les voie plus, sinon sur le parvis, ricanant et l'échine basse, cinglant l'air de leur langue et de leur odeur putoises; et qu'ils y soient honnissant et honnis pendant des siècles, pour prouver leur vocation.

Or, il faudra fouetter leurs rois et leurs princes, leurs chefs de guerre et leurs docteurs, chefs de la paix. Il faudra fouetter Ostwald, Bernhardi et Lasson. Et que leurs têtes en obus, qu'ils appellent en dôme, soient couchées sous le fouet comme des citrouilles, ou comme dans leurs écoles, les fesses de leurs garçons.

Je veux qu'ils viennent en chemise, devant les porches. Et qu'on les fouette l'un par l'autre : Je veux qu'Ubu Deux soit fouetté par son fils ; le fils par le pasteur de la cour ; le pasteur par Bernhardi, et Bernhardi par Piffl le cardinal, et Ostwald par l'évêque.

Et j'entends qu'à la même heure, dans Vienne et dans Berlin, on baille l'écourgée aux autres pairs de la Bochie, devant les Boches assemblés : afin que ce troupeau d'esclaves sache qu'il reçoit le fouet sur l'échine de ses maîtres, pour faire bref, mais qu'il l'a mérité.

C'est la guerre.

XI

*Et comme ils aiment le chant, il faut
qu'ils chantent : à Reims et à Berlin, dans
leur Babylone barbare et aux pieds de notre
Arc de Triomphe, ils devront tous chanter
en chœur :*

*Nous sommes fouettés pour nos péchés.
C'est la guerre.*

*Nous sommes fouettés pour notre bien.
C'est la guerre.*

*Nous sommes fouettés pour notre refrain :
c'est la guerre.*

*Pour notre bêtise sanglante, nous sommes
fouettés jusqu'au sang.*

*Nous sommes fouettés pour nos Gorilles,
et pour la finesse de nos rires.*

Nous sommes fouettés pour nos ivrognes,
et pour nos docteurs, ivres d'esprit allemand.

Nous sommes fouettés pour notre révolte
de Calibans. C'est la guerre.

Nous sommes fouettés pour nous ôter le
goût de voir le coucher du soleil en Occident.
Et nous sommes fouettés par la lumière de
France. C'est la guerre.

Encore un cent de coups, nous qui avons
tant menti, pour saluer la vérité.

Mille coups encore, pour nous faire désirer
le baume de la douceur, que nous avons tant
outragée, chiens que nous sommes.

Le fouet. le fouet ! pour avoir dit que la
brute allemande vaut l'homme de France. Et
pour l'avoir osé croire, le fouet ! Et que nos
femelles sont dignes de laver le seuil de la

jeune fille en Valois, le fouet sur nous, le
fouet sur elles ! C'est la guerre.

Et le fouet sur nos enfants, s'il faut, pour
les nettoyer de nous.

Nous sommes les Boches, sur le parvis.
Tous nos crimes sont debout contre nous.

Ah, nous voici à genoux ; et il nous faut
demander pardon, et sous le fouet crier
merci. C'est la guerre, celle que nous avons
faite, celle que nous avons voulue. C'est la
guerre, hélas, c'est la guerre.

TABLE

IMPRIMERIE CHAIX, RUE BERGÈRE, 20, PARIS. — 6606-7-15.

D'ANDRÉ SUARÈS

Paru :

ITALIE, ITALIE !

Une brochure in-18 . . . . Prix : **1** franc.

NOUS ET EUX

Un volume in-18. . . . . Prix : **3** fr. **50**

à Paraître :

COMMENTAIRES :

II. — LA NATION CONTRE LA RACE.
IV. — OCCIDENT.
V. — NOTRE DAME LA FRANCE.

POÈME :

CHANSON DE LA MARNE.